Ingeborg Tschakert

Liebste Gartenfreundin

Briefe an Janina

Impressum

Text und Fotografie: Ingeborg Tschakert, Erlangen
Layout und Reproduktion: Peter Teufel, Erlangen
Druck: Maisch & Queck, Gerlingen
Printed in Germany, 2001
HamppVerlag GmbH, 70565 Stuttgart

ISBN 3-930723-96-4

Kapitel

Vorwort

Liebste Janina,

als Du vor vielen Monaten von hier fortgingst, habe ich Dir versprochen, regelmäßig von mir und meinem Garten zu erzählen. Erst dachte ich mir, ach du liebe Zeit, was lädst du dir wieder für eine Verpflichtung auf. Mir wäre lieber gewesen, wir hätten immer mal wieder telefoniert; aber davon wolltest Du nichts wissen. „Ein Brief ist ein Brief", meintest Du, „und er ist durch nichts zu ersetzen."

Wenn ich heute all die Briefe durchlese, die ich Dir innerhalb eines Jahres schrieb, dann wird mir klar, wie recht Du mit Deinen Worten hattest. Es ist mir bewußt geworden, wie schade es ist, daß sich die Menschen heute fast nur noch über das Telefon verständigen. Es stimmt wirklich: ein Brief ist ein Brief und allen Telefonaten überlegen.

Ich schreibe übrigens alles mit der Hand. Meine Gedanken würden sich anders formen, wenn ich eine Schreibmaschine unter den Fingern hätte. Das aber möchte ich gerade nicht.

Nun schicke ich diese Briefe in die Welt hinaus, und hoffe und wünsche, daß sie auch anderen Menschen Freude und Anregung bringen.

Gartenbesuche

Liebste Janina,

es tut keinem Garten gut, wenn er an einem Tag von Dutzenden von Menschen besucht und durchlaufen wird. Auch einem Teich, einem Brunnen oder einem Bächlein gefällt es nicht, wenn die hübschen Steine - absichtlich an den Rand gelegt, eben der Schönheit wegen - von mitgebrachten kleinen Kindern ins Wasser befördert werden. Spricht denn da keiner der Menschen ein Machtwort, fragst Du. Nein, Machtworte sind unmodern geworden, muß ich Dir antworten. Kinder wissen heutzutage sehr genau, wie sie mit ihren Eltern fertig werden können.

Nach schnell erfolgter Gartenbesichtigung möchten einige Garteninteressenten auch das Innere unseres Hauses sehen. Aber immer gibt es Leute, die über all meine gesammelten Schönheiten nicht staunen, sondern die unglaubliche Frage stellen: „Wann wischen Sie denn hier Staub?“ Ich habe mir angewöhnt, einfach nur zu antworten: „It happens“. Das ist der Bescheid, den Engländer geben, wenn sie nach der Entstehung und Entwicklung ihres Gartens gefragt werden.

Ist die Hausbesichtigung beendet,, wenden sich meine Besucher oder meine Gäste wieder dem Garten zu. Erschöpft lassen sie sich dort auf den Sitzplätzen nieder. Und worüber diskutieren sie? Beileibe nicht über Gärten und Pflanzen! Nein, das Lieblingsthema drängelt sich auch hier wieder an die Oberfläche: Kinder, Schule, Lehrer.
Übrigens, auch Hunde schließen sich meist, treu wie sie sind, manchen Garteninteressierten an.
Was sie teilweise anrichten, muß ich Dir nicht erzählen.

Unerhört, sagst Du? Natürlich ist es unerhört. Aber was soll ich machen? Hier gilt es nur, Fassung zu bewahren und am Abend bei einer Flasche Wein zu sagen: Nie wieder! Denn ich hatte an diesem offenen Gartentag keine Freude. Du weißt doch, daß ich nur noch das tun möchte, was mir Freude macht. Oder wie sagen die weisen Dakotaindianer? „Wenn du merkst, daß das Pferd, auf dem du reitest, tot ist, dann steige ab."

Ich meine, daß die Dinge nicht immer das sind, was sie zu scheinen vorgeben.

Deine Ingeborg

Leider versuchen die hübschen Wildenten auch jedes Jahr wieder sich in unserem Teich breit zu machen, doch der Schmutz den sie verursachen ist unbeschreiblich.

Das ist für mich die schönste Zeit an unserem Teich. Die vielen verschiedenen Grüntöne ergeben ein wundervolles Bild.

▶

Nach der Arbeit ist dies des Hausherrn Lieblingsplatz. Er ist ein Genießer.

Noch hübscher kann solch eine Sommerlaube gar nicht eingerichtet sein. Die runden Korbsessel strahlen Gemütlichkeit aus. Hier möchte man bei einer guten Tasse Tee sitzen und über Gartenthemen plaudern.

Belebendes Wasser sollte in irgendeiner Form in jedem Garten vorhanden sein.

Was wäre der Garten ohne meinen Mann.

Rosen erfreuen mein Herz immer.

„Schneewittchen" ist die schönste Hochstammrose, die ich mir vorstellen kann. ▸

Evas Garten

Liebste Janina,

Immer, wenn mir aus irgendwelchen Gründen das Herz schwer ist, rufe ich Eva an. Sie weiß dann schon, daß ich komme, nur um für ein oder zwei Stunden einen Tapetenwechsel vorzunehmen.
Während ich mich auf den Weg mache, hat sie daheim schon einen Kaffee gekocht. Bald stehe ich vor ihrer Haustür. Ich klingle, und in all ihrer Warmherzigkeit nimmt sie mich in die Arme. Sie ist jemand, der immer Zeit für mich hat, und sie ist auch jemand, mit dem ich gute Gespräche führen kann. Das genau ist es, was mich am meisten zu ihr zieht.

Ich lernte sie einst in meinem Gartenkursus kennen, und ich merkte schnell, daß sich ihre und meine Interessen sehr glichen. Waren es zunächst der Garten und örtliche Töpfereien, so hat sie mich immer wieder durch ihre Vielseitigkeit begeistert.

Als ihre Söhne aus dem Haus gingen, hat sie sich deren aufgelassener Zimmer bemächtigt und diese auf das Zauberhafteste eingerichtet. Immer, wenn ich bei ihr bin, laß´ ich es mir nicht nehmen, einen Gang durch diese reizvollen Gemächer zu unternehmen. „She is great in decorating“, würde eine Engländerin sagen. Und das ist sie wahrhaftig. „Hübsch, reizvoll, entzückend, bezaubernd“, das sind meine Begeisterungsäußerungen, wenn ich mir all das ansehe, was sie in Jahren zusammengetragen hat.

Und ihr Garten, wirst Du fragen? Nun, Eva ist ein Mensch, dem der Garten sehr, sehr wichtig ist, aber nicht um dauernd darin zu arbeiten, sondern um vorwiegend darin zu genießen, zu lesen und zu denken. Ein ungeschnittener Rasen stört sie nicht, ebensowenig eine nicht geschnittene Buchsbaumkante. Irgendwann wird der Ehemann nach Hause kommen und die Arbeit verrichten.

Sie schaut lieber vor sich hin, träumt ihre Gedanken, hört auf das Singen und Zwitschern der Vögel und fühlt dankbar um sich herum ihr grünes Gartenzimmer. Sie schätzt die kleinen gemütlichen Ecken wie die winzige überdachte Gartenbank, in der sie wie in einem Wartehäuschen sitzt und darauf harrt, daß neue kreative Gedanken vorbeiflattern und sich husch in ihrem Kopf festsetzen, denn Eva ist eine Künstlerin. Eine Künstlerin, die wundervolle und aparte Strickmuster, vornehmlich für Jacken und insbesondere für Gartenröcke, entwirft. Alles Gestrickte fertigt sie selber, und nichts trage ich lieber, als die warmen und anschmiegsamen „Eva-Röcke".

Wunderschöne Strickarbeiten stellt Eva auf ihrer überdachten Gartenbank aus. All das, was sie im Winter gefertigt hat.

Und wenn Du mich fragst, warum ich ihren Garten so besonders liebe, dann deshalb, weil jemand darin wohnt, der in schlechten Zeiten Trost gibt.

Auch Dich umarme ich jetzt liebevoll und schicke Dir die allerherzlichsten Grüße.

Deine [illegible]

Alte Bauernherrlichkeit

Liebste Janina,

schon früh habe ich heute im Bett wachgelegen. Mit viel Behagen dachte ich darüber nach, daß man nicht weit gehen oder fahren muß, um Schönheit und Harmonie in der Natur zu finden. Vor allem, wenn man gar nicht damit rechnet, stehen sie auf einmal neben Dir.

Stell Dir vor, was ich erlebt habe:
Es ist einige Tage her. Mein Mann hatte sich den ganzen Tag im Garten zu schaffen gemacht, als er plötzlich auf der Terrasse stand und dringend fragte, ob ich auch solch einen Hunger hätte.
„Soll ich dir ein paar Bratkartoffeln machen?“, forschte ich. Doch damit konnte ich ihn nicht locken.
Er lechzte nach einem Stück Fleisch, und ich wußte auch genau, in welchem Lokal er das zu verspeisen gedachte. So klappte ich also mein Buch willig zu, und wir machten uns auf den Weg. Fröhlich parkte er unser Auto und strebte mit schnellen Schritten dem Wirtshaus zu. „Moment mal, warte!“, rief ich ihm nach, denn ich hatte es nicht so eilig. Vorsichtig war ich an eine alte Mauer getreten. Gebannt schaute ich auf das vor mir liegende Bild. Eine Erscheinung? Nein, tatsächlich stand dort ein wundersames, altes Bauernhaus, um das sich - wie mir schien - ein Traumgarten erstreckte. Ich begriff nicht, wieso ich diese Schönheit nicht schon längst entdeckt hatte.

„Pst!“, verwarnte ich meinen Mann, „da steht doch jemand“, erklärte ich ihm flüsternd. Ja, freilich stand dort jemand. Dieser Jemand aber war ein übergroßer Zementmensch. Aus der Ferne bemerkte ich, daß er aus himmelblauen Augen leer über den Garten blickte. Himmelblaue Agapanthusblüten umgaben ihn.

Hinreißend war dieser Anblick - und es mußte doch eine Möglichkeit geben, den Garten zu fotografieren, dachte ich begeistert.

Im Gasthaus angekommen, verhörte ich gleich den Wirt und erzählte ihm von meinem Wunsch. „Ich denke mal“, meinte er, „das ist kein Problem. Die Besitzerin ist eine bekannte Architektin. Wir pflegen gute Nachbarschaft, und ich werde mit ihr sprechen“.

Doch am nächsten Morgen entschloß ich mich, sie selber anzurufen.

Was erwartete mich am Telefon? Eine lachende Stimme, die mir antwortete: „Ach, Frau Tschakert, Sie kenne ich doch schon lange! Viele Anregungen habe ich aus Ihren Büchern im Garten verwirklicht. Natürlich dürfen Sie zum Fotografieren kommen.“ Und so stellte ich mich ein und erhielt ein für allemal die Erlaubnis, das Grundstück betreten zu dürfen.

Wenige Tage später kamen wir wieder.

Die Besitzer waren ausgegangen, wir waren allein. In jedem Garten bin ich am liebsten ohne andere Menschen. Einsamkeit bedeutet mir viel.

Ein wunderschöner Abend war uns beschieden. Noch duftete der Boden warm.

Der große Apfelbaum hatte begonnen, seine Äpfel ins Gras fallen zu lassen, Rosen und bunte Sommerblumen ließen nichts vom nahenden Herbst ahnen. Breit und schwerfällig atmete das wundersame alte Gebäude den Hauch vergangener Zeiten aus.

Wann noch gab es hier große Misthaufen, wieviel Kühe standen einst im Stall, und wieviele Hühner scharrten damals im Garten?

Und noch ein Relikt aus vergangenen Zeiten blickte uns an: ein Klohäuschen, ein richtiges altes Klohäuschen. Kennst Du solch einen alten Ort der Erleichterung? Klohäuschen - diese heimlichen Orte der Verschwiegenheit? Das Örtchen, das man im Winter bei Schnee und Regen erreichen mußte, um dann aber schnellstens wieder die warme Küche - der einzige Raum, der auf dem Lande beheizt wurde - anzustreben?

Figuren aus Zement sind sehr kostspielig, können aber einen Garten sehr bereichern.

Oder aber das stille Plätzchen, warm von der Sommersonne beschienen, in dem man oft länger als nötig auf dem Holzsitz verharrte und bei geöffneter Tür dem bunten Treiben auf dem Hof zusah? Damals war ein Spülklosett draußen auf dem Lande ebenso wenig vorstellbar wie Wasser, das aus einer Leitung floß.

Die nächsten Aufnahmen, die ich machen wollte, erforderten Morgenlicht. Morgenstimmungen sind für mich immer wieder Erlebnisse, die mich glückselig werden lassen.

Noch glitzerten Tautropfen an den Gräsern. Die Tauben des Nachbarn machten sich gurrend auf dem Dach bemerkbar. Die getöpferten Vögel auf dem Brunnenrand aber spieen, auf langen Eisenbeinen vornübergebeugt, stetig dünne Wasserstrahlen aus, die klingend auf die stille Wasserfläche trafen.

Janina, in diesem Garten wird man ganz von allein glücklich, und in Gedanken entschloß ich mich still, im nächsten Leben wieder als Fotografin auf die Welt zu kommen. Ich bin dankbar, daß mir dieser Empfindungsreichtum geschenkt ist.

Mit viel Liebe Deine Sigelvorg

Diese Glockenblume ist eine wunderbare Zutat vor der bäuerlichen Tür.

Das alte gemütliche Klohäuschen weckt in mir Gedanken an frühere Zeiten. ▸

Wo früher Wasser geschöpft wurde, speien jetzt handgetöpferte Vögel dünne Wasserstrahlen in den alten Brunnen.

Relikte aus vergangenen Zeiten verwendet man heute gerne als Zierrat im Garten. ▶

Noch immer riecht es, der Verwesungsgeruch schlägt nämlich jetzt durch die Ritzen. Doch unser Kammerjäger hatte uns bereits angedeutet, daß wir Geduld haben müßten!
Noch gut erinnere ich mich an die Mäuseinvasionen, die während der großen Hungersnot nach dem Krieg in der Speisekammer meiner Großmutter stattfanden. Obwohl alle Viktualien so gut wie möglich abgedeckt waren, konnte nicht verhindert werden, daß die possierlichen Tierchen über einen gehorteten Sack Mehl herfielen. Schwarze Würstchen zeigten immer wieder an, wie wohl sie sich in diesem weißen Produkt fühlten, und wie gut sich hier der Hunger stillen ließ.
Wie in allen Küchen Norddeutschlands üblich, dickte meine Großmutter das Gemüse mit Mehl an. Es ließ sich also nicht vermeiden, daß ich, die ich während meiner Lehrzeit in Plön an ihrem Mittagstisch saß, allmählich auf die schwarzen Würstchen aufmerksam wurde. Bald merkte meine Großmutter, daß ich im Essen herumstocherte und alles Schwarze an den Rand schob. „Was ist das?", fragte ich sie unruhig, und sie antwortete in ihrer Not: „Das ist Kümmel, Liebchen, er gibt dem Essen solch einen guten Geschmack!"

Szenenwechsel:

„Wir sind die reinsten Mörder", sagte ich zu meinem Mann. „Die vielen süßen kleinen Mäuse!" „Komm nur mit in den Garten", erwiderte er, „dort habe ich einen großen Wühlmausgang gefunden. Deine Mitleidsgesänge werden Dir vergehen. Die Wurzeln der "Kathleen Ferrier" sind bereits kräftig angefressen!"

Entsetzt schaue ich mir das Unheil an, das eine einzige Wühlmaus an meiner Lieblingsrose angerichtet hat. Es war kein Wunder, daß diese schon im August nicht mehr getrieben hatte.

Ach, Janina, ich hoffe aus vollem Herzen, daß wir dieses Tier auch noch erlegen. Wie auch immer. Manchmal ist es richtig schlimm, daß ich mir bei Dir nicht Trost und Beistand holen kann.

Sei umarmt

Deine Ingeborg

Debora

Die versprochene Torte

Liebste Janina,

meine Gemütsverfassung war an diesem Samstag von liebevollster Beschaffenheit. Fröhlich war ich mit beiden Beinen aus dem Bett gesprungen. Auf das Anmutigste schickte die liebe Sonne zarte Strahlen durch meine hübschen Tüllgardinen, und mit dem schönen Gefühl, daß mir an diesem Tag nur Gutes geschehen könnte, hatte ich froh mein Tagwerk begonnen.

Niemals kommt mir die Zubereitung einer Torte lustig vor, doch heute hatte ich mich von den Kindern breitschlagen lassen, mit einer richtigen Schwarzwälder Torte aufzuwarten. Gut, hatte ich gesagt, wir treffen uns um 16 Uhr am Teich.

Meine Stimmung war so milde, daß ich mich mit größter Gelassenheit an die Zubereitung eines kleinen Mittagessens machte und anschließend mit der Schöpfung der versprochenen Torte begann. Stolz präsentierte sich nach geraumer Zeit der wunderschön gelungene Kuchen auf dem Küchentisch. Die Kinder kamen und bestaunten glücklich schnuppernd die Köstlichkeit, deren Verzehr schon in greifbare Nähe rückte. Vorsorglich drehte ich den Küchenschlüssel im Schloß herum.

Jeder hatte sich an diesem Tag etwas vorgenommen. Mein Mann arbeitete zufrieden im Garten und war froh, daß keine störenden Ansprüche an ihn gestellt wurden. „Und seid ja alle pünktlich zum Kaffeetrinken da!", ermahnte ich die Familienmitglieder, bevor ich mich nach dem Essen für einen Spaziergang längs des Wiesenbaches auf den Weg machte. Lässig und immer noch völlig glücklich trödelte ich am Wasser entlang. Schon nach kurzer Zeit hatte ich einen dicken Wiesenstrauß im Arm, den ich - wieder zu Hause angekommen - in einer hellgrünen Vase anordnete. Daran erinnere ich mich heute

noch. „Bitte, mach´ mit Deiner Arbeit ein Ende, der Kaffee ist gleich fertig“, ermahnte ich ebenfalls meinen Mann.
Er kniete auf dem schmalen Weg am Teich, der zum Sitzplatz führt, und reparierte eine Wasserleitung.
„Ja gleich“, war die Antwort.
Ich begann, den Tisch zu decken, stellte die mitgebrachten Blumen auf das Beistelltischchen und trug mein Gartenservice nach draußen. Als ich die Stelle, an der mein Ehegesponst immer noch kniete, das erste Mal passierte, lag ein Schlauch im Weg. „Mach´ jetzt Schluß!“, drängte ich ihn noch einmal und stieg darüber hinweg. Als ich zum zweiten Male diese Stelle kreuzte, nahm ich nichts wahr, weil ich die große Torte in den Händen hielt, auf die die Kinder sehnlichst warteten.

Und schon geschah das Entsetzliche: Statt, wie befohlen, zu kommen, hatte mein lieber Mann seine Arbeit weiter fortgesetzt - ein riesiges Eisenwerkzeug lag inzwischen mitten auf dem Weg. Ich stolperte, die Torte schnellte mir in hohem Bogen aus den Händen und landete als riesiger Sahneklecks im Acer palmatum. Ich aber kippte seitlich in den Teich, wo ich mich mühselig aus 70 cm Tiefe wieder an die Oberfläche schraubte. Arme und Beine bluteten - wir haben einen Zementteich - und während mir verzweifelt vor Schmerzen und Wut die Tränen über das Gesicht liefen, tauchte meine bessere Hälfte mit dem nächsten Werkzeug hinter dem Haus auf. Er sah mich und stellte die unsinnige Frage: „Was machst du denn da?“ Da war es endgültig um den Rest meiner Fassung geschehen.

Zwar versuchten die Kinder mich zu trösten, auch mein Mann nahm regen Anteil an meiner inneren und äußeren Zerschlagenheit; doch so richtig glücklich konnte ich an diesem Tag nicht mehr werden.

Immer noch ein bißchen traurig

Deine Ingeborg

„Komm", sagt Cornelia, „ich pflücke Dir draußen einen Mohnblumenstrauß.
Du kannst ihn dann gleich hier drinnen fotografieren".

Der Hutkauf

Liebste Janina,

wie gerne hätte ich Dich dabei gehabt, liebe Janina. Gestern nämlich, als ich eine Hutausstellung in einem winzigen Geschäft besuchte. Von Strohhüten hatte ich in der Zeitung gelesen. Aber nicht nur einfache Strohhüte gab es zu sehen, auch Florentiner und Filzhüte wurden verheißungsvoll angeboten. Schon frühmorgens betrat ich den Laden. Herrlich, ich war die erste Kundin! Wundervolle Vielfalt begrüßte mich, und es dauerte nicht lange, bis sich meine Blicke an zwei Traumkreationen festgekrallt hatten, die ich erst einmal an mich nahm. Hin und her drehte ich mich mit den Auserkorenen vor dem Spiegel und vernahm bald in meinem Inneren eine Stimme, die mir zuflüsterte: nimm sie beide!

Die Modistin brachte mir eine Tasse Tee: „Nehmen Sie sich Zeit", munterte sie mich mit weicher Stimme auf, „beide Hüte stehen Ihnen hervorragend". So setzte ich mich, und während ich meine zur Seite gelegten Kopfbedeckungen im Auge behielt, betraten weitere Hutinteressentinnen den Laden. Aber nicht etwa wagemutig und freudig näherten sie sich den Modellen, nein, sie schauten sehr ängstlich und unsicher um sich und blickten im Geschäft umher, als gelte es, einer Gefahr aus dem Wege zu gehen.

Ich hielt mich an meiner Teetasse fest und beobachtete nun gebannt das zaghafte Treiben der überwiegend jungen Frauen. Vorsichtig, als wenn sich ein bissiges Insekt darin versteckt hielte, griffen sie nach den Kopfbedeckungen. „Ich weiß nicht, ob das meinem Mann gefällt", hauchte eine Kundin - sie sah übrigens entzückend aus - ihrem Spiegelbild entgegen. „Setzen Sie ihn auf, wenn Ihr Mann gar nicht dabei ist", riet ich ihr, „außerdem muß er Ihnen gefallen!" Nein, sie nahm den reizenden Strohhut wieder ab und hüllte ihren Kopf nun in eine dieser unsäglichen Mützen, die eine junge Frau in ein ältliches Muttchen verwandeln.

Ich muß Dir nicht verraten, daß ich beide Hüte kaufte. Einen setzte ich schon im Geschäft auf. Lächelnd verließ ich den Laden, und lächelnd ging ich durch die Stadt. Und, Janina, von allen Seiten bekam ich das Lächeln zurück.

„Nun, wieviel Geld hast du ausgegeben?", forschte mein Mann, als ich nach Hause kam. „Viel", gab ich lächelnd zur Antwort.

Und lächelnd grüße ich Dich jetzt ganz herzlich.

Deine Ingeborg

Der alte fränkische Korbstuhl kam mir gerade recht, um das zarte Spitzennachthemd mit der Rose „Blue boy" darauf zu drapieren.

Manschetten

Fahrten ins Land

Liebste Janina,

Du weißt, daß ich das Glück habe, ganz in der Nähe einer Landschaft zu wohnen, in der andere Leute Urlaub machen: Die Fränkische Schweiz. Und wenn ich sage, ich fahre über Land, dann meine ich dieses herrliche Fleckchen Erde. Morgen werde ich wieder einmal mit großem Vergnügen mein Auto dorthin steuern.
Längst besitzt sie nicht mehr den Reiz, den sie einstmals hatte. Trotzdem schlägt mein Herz höher, wenn ich mich der wunderschönen bergigen Landschaft nähere, wenn ich das flache Land hinter mir lasse, und die ersten Dörfchen durchfahre. Leider, leider sind die schönen alten Fachwerkhäuser weniger geworden, und selten trifft man noch auf eine Bäuerin in der ortsüblichen Tracht. Mehr und mehr verschwindet die alte dörfliche Herrlichkeit, und Reisende müssen sich beeilen, um noch etwas von diesem wundersamen Reiz zu entdecken.
Kaum noch sieht man einmal eine klappernde Mühle, auch wenn die Bächlein nach wie vor hurtig und lustig dahineilen und plätschernd über Steine hinabspringen.

An vielen Stellen fallen die steilen Felsen dem Autofahrer oder auch dem Wanderer fast vor die Füße, und einen ängstlichen Blick wirft mancher in die Höhe. Wird man einen Steinschlag befürchten müssen? Der Kenner dieser romantischen Landschaft weiß, wo er noch ein altes, uriges Wirtshaus findet und auf Holztischen - blank gescheuert - den typisch fränkischen Schweinebraten mit großem Kloß vorgesetzt bekommt.
Allerdings gibt es auch Zeiten, in denen ich die Fränkische Schweiz meide. An Ostern nämlich, wenn inzwischen nicht nur an jeder Quelle, sondern auch an jedem Wasserhahn bemalte Eier hängen.

Mit Blumen und Gemüse versorgt mich meine Bäuerin Liesel bis spät in den Herbst hinein. ▸

Daß diese inzwischen fast alle aus Plastik hergestellt sind, interessiert die Touristen nicht, die sich von Jahr zu Jahr erheblich vermehren und mit erstaunlichen Fotoausrüstungen jeder Art anrücken, um das Plastikspektakel zu knipsen.

Das war einstmals anders, weil die Bäuerinnen die wohlgeformten Eier ihrer Hühner ausbliesen und sammelten. Abends dann saßen sie beieinander, mit Maltopf und Pinsel. Je nach Können verzierten sie - von lustigen Gesprächen begleitet- die Erzeugnisse des eigenen Hofes. Die Zerstörungswut mancher Jugendlicher macht aber solches heute nicht mehr möglich. Auf Motorrädern rauschen sie spät abends heran und zerdrücken die zarten Gebilde roh mit ihren Händen. So ist auch dieser schöne Brauch ins Wanken gekommen.

Auch an den Wochenenden im Sommer ist mir dort zu viel Betrieb. Machst du dich dann aber am Montag auf den Weg, bist du fast allein. Ich freue mich darauf, im nächsten Jahr mit Dir auf Erlebnisfahrten gehen zu können.

Morgen jedoch will ich etwas ganz Bestimmtes unternehmen: Stracks strebe ich zu meiner Bäuerin Liesel. Bei ihr stimmt noch alles wie ehedem, der Bauerngarten, die vielen frei herumlaufenden Hühner, die quiekenden Schweine und die Herzlichkeit, mit der ich empfangen werde. Dringend brauche ich Kartoffeln, und die hole ich mir nur bei ihr. Warum? Weil mir vor allem die auf Sand gewachsenen Potacken - so nennt man die Kartoffeln in Franken - am besten schmecken. Es ist unglaublich, wieviel Einfluß die Erde auf den Geschmack hat. Gemüse wird Liesel für mich im Garten ernten, und ohne Eier fahre ich natürlich auch nicht nach Hause. Wenn wir alles in meinem Auto verstaut haben, halten wir noch einen kleinen Schwatz, und wenn ich mich dann endlich verabschiede, hat sie so ganz nebenbei einen Bauerngartenstrauß für mich gepflückt. Abends dann in meinem Bett überdenke ich noch einmal diesen glücklichen Tag und freue mich auf das nächste Mal.

Noch einen anderen Ort gibt es, der mich immer wieder anzieht. Er liegt in den Haßbergen, und nur wenige Häuser bestimmen das dörfliche Bild des kleinen Ortes Pettstadt. Hier wohnt der Landwirt

Andres, der nicht nur zwei hübsche Ferienwohnungen vermietet, sondern auch einen - in altem Sinne - gemütlichen Gutsgasthof sein eigen nennt. Ehefrau und Tochter braten hier, wie die Witwe Bolte bei Wilhelm Busch, das ganze Jahr über Enten. Enten von so weicher und knuspriger Qualität, wie Du Dir es nicht vorstellen kannst. Mindestens dreimal im Jahr essen wir bei Andres Ente.

Danach laufen wir zu einem wunderschönen Birkendamm, der einen großen Teich überbrückt. Bei jedem Wetter ergibt sich hier für mich eine Fotografie. Anschließend spazieren wir dann am Gärtchen von Andres´ Schwester vorbei, und immer zeigt sich auch hier eine reizvolle Situation zum Fotografieren.

Erst etwas später treten wir die Heimreise an, und der gesättigte Magen und die schönen, geschauten Bilder sorgen für eine behagliche Rückfahrt.

Hesperidengarten in Nürnberg.

Bis bald wieder,

Deine Ingeborg

Weinberge bestimmen das beschauliche Bild in Unterfranken.

Bäuerin Liesel in ihrer Festtagstracht. Sie ist stolz auf den ererbten alten Rosenkranz und das mit Perlmutt gefasste Gesangbuch.

Die alte Nähmaschine der Großmutter ist inzwischen ein Schmuckstück für den Garten geworden.

Für einen Ausflug über Land ist doch immer noch das Fahrrad am geeignetsten.

Kleine Gärten

Mondnacht

Es war, als hätt´ der Himmel
die Erde still geküßt,
daß sie im Blütenschimmer
von ihm nun träumen müßt´

Die Luft ging durch die Felder,
die Ähren wogten sacht,
es rauschten leicht die Wälder,
so sternklar war die Nacht.

Und meine Seele spannte
weit ihre Flügel aus,
flog durch die stillen Lande,
als flöge sie nach Haus.

Joseph Frhr. v. Eichendorff

Heute schreibe ich Dir eines meiner Lieblingsgedichte, liebste Janina.

Abends, wenn ich manchmal noch am Teich sitze, sage ich diese Zeilen still vor mich hin. Es ist ein Gedicht, um glücklich zu sein und um glücklich zu werden. Ich kann mit diesen wunderbaren Versen die grausame Realität vergessen oder auf die Seite schieben.

Außerdem erzähle ich Dir nun noch von kleinen Gärtchen, die mich ebenfalls auf Wolken gehen ließen.

Mit diesem Wenigen mußt Du heute zufrieden sein. Also bis morgen.

Deine [illegible]

Winzige, alte Häuschen, Gärtchen, deren Blütenpracht sich besonders im dahinziehenden Wasser spiegelt. Sommerblumen und Rosenrabatten, von den Besitzern herausgeputzt, wenn im August die Sandkirchweih stattfindet und die Stadt von Besuchern überschwemmt scheint. Wie oft sitze ich hier mit meinem Mann oder auch allein, um einfach die vielen Stimmungen an oder auf dem Fluß zu beobachten. Ein rosiges Licht gibt der im Abendlicht liegenden Strömung ein fast märchenhaftes Gepräge. Und wenn sich ein stiller Nebel darüber legt und man die Fischerboote und Ausflugsdampfer nur noch ahnt, dann möchte ich die Zeit anhalten.

Am allerschönsten ist es, wenn man selber einmal in solch ein Gärtchen eingeladen worden ist und die Besitzerin von früheren Zeiten erzählt.

Ich umarme Dich und
grüße Dich herzlich

Deine Ingeborg

Reizende alte Fischerhäuschen begrenzen den Fluß und die winzigen Gärten sind eine Augenweide; eine besondere Attraktion für die Touristen auf den vorbeifahrenden Dampfern.

GARTENBAUVEREI

Blumenschmuck-

So hübsch wurden Blumenfreunde in früheren Zeiten geehrt.

Liebste Janina,

auch die Begebenheit in meinem heutigen Brief ist schon eine lange, lange Weile her. Es war eine Exkursion zur Burg Rabenstein in der Fränkischen Schweiz vereinbart worden, und eine kleine Gruppe von sehr Interessierten war zusammengekommen. Das Innere der Burg war kalt und ungemütlich. Und auch die damaligen Burgfräulein dürften hier, besonders im Winter, ein ungemütliches Dasein geführt haben.

Aber das Burggärtlein hättest Du sehen müssen! Wie sehr wurde man hier entschädigt! Aus den dunklen Mauern kommend den Blumenduft einatmen zu dürfen und - mit den Armen aufgelegt auf der breiten Mauer, von der warmen Sonne bestrahlt - ins tiefe Tal blicken zu können, war eine Lust.

Abends, als die Nebel aufstiegen, habe ich mir überlegt: Welch geheimnisvolle Elfen mögen hier wohl des nachts ihre Reigen aufführen?

Nach einem ausgiebigen Talblick wendeten wir uns wieder dem Barockgärtchen zu, dem Barockgärtchen, das es heute nicht mehr gibt. Es fiel einer dieser unseligen Umbauten zum Opfer.

Die Blumenfülle war unglaublich. Alle waren wir uns auf dem Heimweg einig: Pflanzt mehr Einjährige, denn sie halten einen Garten zusammen und bringen Fülle!

Für heute einen lieben langen Gruß

Deine [illegible]

Das barocke Burggärtchen gehörte einst zur Burg Rabenstein in der Fränkischen Schweiz.

Der moosig felsige Untergrund eignet sich sehr gut zum Fotografieren von weihnachtlichen Gebinden. Darum scheue ich die weite Anfahrt zur Burg Rabenstein nicht.

Liebste Janina,

lange ist es her, daß ich mehrmals in der Woche mit der Bahn von Erlangen nach Nürnberg fahren mußte. Meistens hatte ich ein Buch in den Händen und nahm deshalb wenig um mich herum wahr.

Eines Tages aber machte ich eine aufregende Entdeckung. Der Zug hatte auf der Strecke gehalten. Gelangweilt schaute ich den hohen Bahndamm hinunter, als ich plötzlich merkte, daß sich meine Augen verändert hatten. Ich spürte, daß sie groß aufgerissen auf etwas schauten, was ihnen von unten entgegenblickte: Ein Gärtchen, Janina, ein köstliches kleines Gärtchen, das inmitten von riesigen Kohlenbergen und Bahnschuppen sein Dasein auf das Anmutigste behauptete. Eine kleine Gartenlaube, grün angestrichen, brachte zum Ausdruck, wie wohl den Besitzern hier sonntags zumute war.

Auf der grünen Wiese war eine Ziege angepflockt. Ein kleiner Handwagen stand, mit Heu angefüllt, am Ende des Weges. Bunt waren die Beete bepflanzt. Die Abendsonne strich mit langen Strahlen über dieses gottvolle Idyll.

Dieses Bild habe ich noch heute im Herzen, und damals tröstete mich der Gedanke, daß das Leben auch zwischen Kohlenhaufen glückselig sein kann, wenn man nur das Rechte daraus zu machen weiß.

Sei von Herzen gegrüßt

Als ein Idyll gibt sich dieses wunderschöne Plätzchen zu erkennen,
und das von Rosen umgebene Häuschen entzückt mich.

Liebste Janina

von Tag zu Tag wird mir bewußter, daß der Winter doch gar nicht so schonend mit uns umgegangen ist, wie ich mir das vorgestellt habe. Es hatte doch kaum Frost gegeben. Trotzdem: Viele Stauden haben sich verabschiedet, - für immer. -

Die Tulpen geben sich gelangweilt verwaschen und ich bin fest entschlossen, sie im Herbst wieder nur dicht an dicht in Töpfe zu stecken, in denen ich sie besser vor Winternässe schützen kann. Erst im Frühjahr stelle ich die Töpfe dann an die entsprechenden Plätze.

Woche für Woche hatte es in den langen Winterwochen geregnet und sicher war es meinen Tulpenzwiebeln in der nassen kalten Erde sehr unwohl gewesen. Als sie nun im April begannen erste Spitzen zu zeigen, dachte ich erfreut: Schau sie kommen. Aber sie kamen zu sehr. Lang und länger wuchsen ihre Stengel und bang und bänger wurde mir bei diesem Anblick.

Als jetzt mit dem 1.Mai die Sonne heiße Strahlen in den Garten schickte, war das für den Garten zu viel und auch für die Tulpen. Lang schlängelnd lassen sie ihre Stengel mit Köpfen nach unten sinken und der Anblick ist bedauernswert.
Auch meinen vielen Tymiansorten hat die Nässe übel mitgespielt.
Noch aber decken meine vielen gepflanzten Vergißmeinnicht diese Schäden gnädig zu. Ein Meer von Blau bedeckt den Garten. Es sieht wunderschön aus.

Nun möchte ich Dir noch von einer Eigentümlichkeit erzählen, die Gartenbesitzern von kleinen Grundstücken ganz besonders zu schaffen macht. Dieses Phänomen kann einem die Freude am Gärtnern gründlich verderben. Es handelt sich um Strahlungen aus dem Erdboden, die das gesunde Pflanzenwachstum über sich verhindern. Hast Du solch eine oder mehrere Strahlungen im Garten, fällst

Anna und Ludwig

Alte Gartenmöbel besitzen einen besonderen Reiz!

Du von einer Enttäuschung in die andere, denn die Pflanzen - ob Rosen, Stauden oder auch Bäume mögen nicht wachsen und tragen auch keine Früchte. Diese unterirdische Strahlung schwächt ihre Lebenskraft so lange, bis sie mehr und mehr ihr Leben aushauchen. Viele Gärtner stehen nun mit „gutem" Rat zur Seite. Aber Empfehlungen wie die Erde auszuwechseln, eine Bodenprobe machen zu lassen oder mehr zu düngen usw., bringen keine Abhilfe. Spätestens nach 2-3 Jahren stellt man wieder fest, daß an dieser Stelle einfach nichts wachsen will.

Ja, was ist es denn nur?

In solch einem Fall hast Du es mit unterirdischen Wasserläufen oder auch nur Rinnsalen zu tun, deren Tiefe beliebig sein kann.
Sie verlaufen also im Untergrund, und es ist wichtig zu wissen, daß nur die Ränder dieser Wässer negativ strahlen und daß man derzeit diese Strahlungen nur mit der Wünschelrute ohne größerem Aufwand erfassen kann.

Mit meinen Strahlungsstellen im Garten habe ich lange genug herumoperiert. Ich habe aufgegeben! Diese Plätze sind inzwischen mit einem Springbrunnen mit Vogeltränken, großen Steinen oder großen Vasen bestückt. Das Gleiche veranlasse ich, falls nötig, in anderen Gärten - wenn man bereit ist, diesem Phänomen Beachtung zu schenken und man mir glaubt. Wenn nicht, kann ich nur sagen: Und wenn sie nicht gestorben sind, dann pflanzen sie noch heute - ohne Ergebnis. Deinen Garten werden wir jedenfalls vor der Pflanzung gründlich mit der Wünschelrute durchlaufen.

Alles Liebe

Deine Ingeborg

Für besondere Anlässe schmücke ich meinen Brunnen gerne mit Rosen.

Unterhalb des Bamberger Doms liegt dieses heimelige Plätzchen, und hinter alten Mauern hält es sich reizvoll versteckt. Es ist winzig, das kleine Gärtchen von Christina, das sie mit Liebe pflegt, obwohl es ihr nicht gehört. Aber nur selten hat sie Zeit, um sich hier für ein Weilchen auszuruhen. Sie ist eine begabte Glaskünstlerin, und die vielen Aufträge halten sie in Atem. ▸

Fülle über Fülle.

Alte Villen, alte Balkone. Wie charmant!

Geschenkte Ärgernisse

Liebste Janina,

Dein Entsetzen kann ich mir nur zu gut vorstellen, als alle Deine guten Freunde - waren es wirklich Freunde? - mit großen Klumpen von Ablegern zu Dir kamen, um sie Dir als Geschenk für Dein eben erworbenes Grundstück auf dem Altar Deiner Gartenliebe darzubringen. Schon in meinen Kursen warnte ich vor derlei Gefahren. Nichts nämlich bekommt einem neu anzulegenden Garten schlechter als ein Ableger von Ida, Karin, von Tanten, Großmüttern oder Nachbarn. Zutaten, die sich in dem zukünftigen Garten in den meisten Fällen nur zu einem Unglück entwickeln, es sei denn, es handelt sich um eine Rarität. Meistens wird alles in einem riesigen Gewucher enden, und nichts wird zueinander passen. Zumal Du Dich ja mit diesen Pflanzen noch gar nicht auskennst.
Ich rate Dir, mit gutgemeinten Geschenken dieser Art einen Komposthaufen anzulegen, das Rezept findest Du in Buch 2: "Gartenzauber ..."

Wenn Du mit der Anlage Deines neuen Gartens beginnen willst, solltest Du Dich intensiv beraten lassen. Viel besser aber ist es, wenn Du Dir alle Gartenweisheit aus guten Fachbüchern selbst anliest, denn gute Gärtner fallen nicht vom Himmel. Wenn Du ein schwieriges Gericht bereiten willst, wirst Du Dich vorher auch ausführlich mit dem Rezept befassen.
Sicher willst Du zu einer Einweihungsfeier einladen. Dafür möchte ich Dir den folgenden guten Rat geben: Erwähne schon lange vorher gegenüber allen Freunden und Verwandten, daß Du Blautannen einfach nicht ausstehen kannst! Warum? Nun, Blautannen, bzw. Blaufichten sind ein beliebtes Geschenk.

Ein Geschenk aber, das keine Freude bereitet. Eine kleine Blautanne für den Vorgarten - was für eine entzückende Gabe, denken sich alle diejenigen, welche keine Ahnung haben.
Hüte Dich! Denn eine Blautanne wächst schneller, als Du meinst. Aus einem Winzling im Vorgarten wird in überraschend kurzer Zeit ein großes Exemplar. Außerdem ist sie sehr schädlingsanfällig!

Es kommt der Tag - es hilft nichts - an dem der Baum gefällt werden muß. Das, was danach von Deinem Vorgarten noch übrig ist, hat sich in ein Chaos verwandelt. Das Unterste ist zu oberst gekehrt, und vorerst ist das kleine Stück Land unbrauchbar geworden. Bedenke noch eines: das Fällen großer Bäume ist nicht billig! Wenn Du danach nicht einen sehr, sehr willigen Ehemann hast, der Dir den riesigen Wurzelstock beseitigt und den neuzubestellenden Gartenteil vorschriftsmäßig aufbereitet, benötigst Du einen guten Landschaftsgärtner. Deinen nächsten Urlaub aber kannst Du vergessen, denn der finanzielle Aufwand ist bemerkenswert.

Hier gebe ich Dir auch noch einige Ratschläge für den Besuch von Baumschulen und Gärtnereien: Erwarte nicht, daß man Dich in Stoßzeiten gründlich berät. Lese und lerne selber aus Deinen Fachbüchern. Ein gutes, ausführliches Rosenbuch ist unerläßlich! Auch Rosenkataloge können hilfreich sein. Bald wirst Du merken, daß Dir ein einziges Rosenbuch nicht reicht. Also kommt ein weiteres auf die Wunschliste. Auch auf ein ausgezeichnetes Staudenbuch darfst Du keinesfalls verzichten, und ein Buch über Gehölze sollte auf Deinem Bücherbord ebenfalls nicht fehlen. So nämlich weißt Du selber, was Du willst und brauchst nicht lange auf entsprechenden Rat zu warten.
In manchen Gartenbetrieben kann man nur staunen, wie viele Kunden das Verkaufspersonal von einem Ende zum anderen scheuchen, die dümmsten Fragen stellen und zum Schluß dann erklären, daß sie sich den Kauf noch einmal überlegen müßten oder, noch schlimmer, ihren Mann fragen wollten.
Besuche ich eines der großen Gartencenter oder schaue ich mich lieber in einer kleineren Gärtnerei oder Baumschule um?
Gehe dorthin, wo Du Dich am wohlsten fühlst! Für mich ist das Einkaufserlebnis in einer Gärtnerei sehr

viel reicher. Hier finde ich eine größere Vielfalt, und die Pflanzen scheinen mir frischer zu sein. Gartencenter müssen sich immer auf das Wesentliche beschränken. Eine Gärtnerei aber kann wie eine Mischung aus botanischem Garten und Lustgarten, je nach Blütezeit, anmuten.

Zum Schluß noch einen Rat für Dich: Jede Pflanze hat ein Gesicht. Wenn Du beispielsweise eine kleinere Konifere gekauft hast, dann schau´ Dir an, von welcher Seite sie ihre größte Schönheit zeigt. So stellst Du fest, wie sie Dich nach der Pflanzung ansehen soll.

Sei vorsichtig bei Sonderangeboten! Achte auf die Schönheit, nicht auf den Preis! Kaufe vor allen Dingen nie etwas, nur weil es billig ist!

Da fällt mir die Geschichte von unserem Andreas ein. Jeden Mittag kam er fröhlich nach Hause, um sich mit gutem Appetit an den Mittagstisch zu setzen, bis sich das eines Tages jäh änderte. „Nein danke, Mami, ich hab´gar keinen Hunger", war seine Antwort. Nur der Nachtisch interessierte ihn noch, und diese Szene wiederholte sich tagelang.

„Andreas, fehlt dir etwas, bist du krank?", forschte ich unruhig in seinem Gesicht. „Nein, mir geht es gut, Mami, ganz bestimmt".

Nach kurzer Zeit konnte ich meine Unruhe begraben.

"Wissen Sie eigentlich, daß Ihr Sohn jeden Mittag mit einem Teller in der Schlange vor der Bahnhofsmission ansteht und sich mit Bettlern und anderen Armen zusammen verköstigen läßt?"

„Das kann doch nicht wahr sein!" Empört stellte ich ihn zur Rede: „Du wirst uns noch um unseren guten Ruf bringen. Laß dich dort nie wieder sehen, verstehst du mich?"

„Mami, dort gab es alles umsonst, und die Bettler waren so nett zu mir und haben mich immer vorgelassen", brachte er zu seiner Verteidigung vor.

Es ist erstaunlich, was man mit seinen Kindern alles erleben kann.

Bis zum nächsten Mal - wie immer von ganzem Herzen

Deine Ingeborg

Liebste Janina

„Komm“ sagte ich zu meinem Mann, von einem plötzlichen Entschluß überfallen: „Laß uns einfach ein paar Tage in die Welt fahren.“ Meine Sorge, daß ihm auch dieser meiner überraschenden Überfälle auf die Nerven gehen würde, war unbegründet. „Wohin willst Du, mein Schatz?“ forschte er milde. Ich gab ihm einen Kuß und antwortete zärtlich: „Auf die Fraueninsel im Chiemsee.“

Ich liebe diese spontanen Entschlüsse! Mich von einem auf den anderen Tag ganz woanders zu befinden, ist für mich von großem Reiz. So fanden wir uns also zwei Tage später auf der winzigen Blumeninsel mitten im See wieder.

Wie sehr genoß ich diese Woche!
Während weniger Tage gab es keinen Sonnenschein. Der See war ruhig. Eine stimmungsvolle Stille lag über dem Wasser, und die vielen Segler waren nicht sehr begeistert ob dieser totalen Flaute. An anderen Tagen war es wieder ganz anders: Eine milde Sonne wärmte die kleinen Gärtchen der Fischerhäuser. Und während die Männer tagsüber draußen saßen, ihre Netze besorgten und ihre Fische zum räuchern vorbereiteten, freuten wir uns bereits auf das köstliche Resultat. Jeden Mittag stürzten wir uns begeistert auf die noch warmen, frisch geräucherten Renken oder Aale.

Leider schenkte uns die Insel noch nichts von ihrem bekannten Blumenreichtum. Tulpen, Iris und anderer Frühlingsflor waren fast verblüht. Doch die unzähligen Rosenbüsche hielten sich mit ihrer Blütenfülle noch zurück. Mir schenkte die Insel aber einige andere Aufnahmen, an denen ich meine Freude habe. Ich schicke sie Dir heute mit.

Unseren eigenen Garten fanden wir bei der Rückkehr von einem guten Geist wohlversorgt wieder an. Wie dankbar sind wir für solche Freundschaftsdienste.

Ich freue mich auf Deinen nächsten Brief und grüße Dich sehr, sehr herzlich.

Deine Ingeborg

5055
TOPCAT®

Die Rose Charles de Mills mit wundervollem Duft.

Rezeptsucht …

und andere Ungeschicklichkeiten

Liebste Janina,

erschreckt fragte mich unsere liebevolle alte Haushälterin Mey aus Bremen, die gerade einige Tage bei uns zu Besuch weilte, ob sie da eben richtig gehört habe. Ja, sie hatte richtig gehört, denn soeben war ich dem Drängeln einer Bekannten gefolgt und hatte ihr am Telefon ein Rezept diktiert, um das sie mich gebeten hatte. Mey fand es unmöglich, daß ich meine Rezepte mit anderen austauschte. „Das gehört sich nicht“, hatte sie dann auch noch streng hinzugefügt, „denn viele Menschen hüten ihre Kochgeheimnisse und wollen nicht, daß ihre Rezepte die Runde machen.“ Von Zeit zu Zeit nehme ich wahr, wie recht sie hatte.
Mich verfolgt seit langem eine Lachspastete, die ich einst bei Bekannten vorgesetzt bekam. Sie war wundervoll, und ich bat um das Rezept. Andere aber taten dies auch, und diese anderen waren ebenfalls Bekannte von uns. Seitdem bekommen wir immer wieder bei den verschiedensten Einladungen diese Lachspastete serviert. Wenn ich dann höre, daß man für uns etwas ganz Besonderes zubereitet habe,
nämlich eine Lachspastete, muß ich ein Lächeln unterdrücken. Trotzdem schmeckt mir die Pastete
immer wieder gut.

Gab es damals noch wenige Kochbücher in Buchhandlungen und Küchen, so fallen sie uns heute überall entgegen. Mit anderen Worten: man muß nicht unbedingt bei einer Einladung nach den Rezepten fragen. Viele fabelhafte Köche beantworten in ihren Büchern derlei Fragen auch.

Ähnlich verhält es sich auch mit dem guten Ton, den man einstmals von Eltern, und ich auch von Mey, mit auf den Weg bekam. Es ist shocking, einen älteren Menschen nach dem Alter zu fragen, aber es ist ebenso ungehörig, sich auf heimtückische Weise nach dem Alter der schon erwachsenen Kinder zu erkundigen, um dann kurz vor sich hin zu rechnen!

◂ Ein Gartenzimmer zum Verlieben.

Heutzutage ist das Alter jünger geworden, doch es gibt tatsächlich Menschen, von nicht mehr so knuspriger Jugend, die sich leicht gekränkt fühlen, wenn ihnen in der Straßenbahn von einem kleinen, wohlerzogenen Jungen dessen Sitzplatz angeboten wird.
„So alt bin ich noch nicht!“, war die Reaktion einer älteren Dame, die einen Jungen mit dieser Antwort gründlich vor den Kopf stieß, als er ihr leicht verlegen seinen Platz freimachte. Muß man sich wundern, wenn dieses Kind niemals wieder seinen Sitz hergibt?

Doch zurück zu den Rezepten, Janina. Stell Dir einen Traumgarten vor: Die Rosen blühen, wundervoller Duft schwebt über dem Rasen, und mittendrin steht eine lange Tafel. Das schöne Tischtuch ist breit und lang über den Tisch ausgebreitet. Die Hausherrin ist dabei, mit ihren Hilfen das edle Porzellan aus den Schränken nach draußen zu tragen, um die Tafel sorgfältig zu decken. Herrlichste Gläser, erlesene silberne Kerzenhalter zieren den Tisch, und Servietten liegen, auf das Feinste gefaltet, neben den Tellern. In kleinen Schälchen ist Rosenschmuck zwischen den Gedecken hübsch angeordnet.
Schönheit über Schönheit!

Die Einladung war für die Gäste um siebzehn Uhr festgesetzt. Kein Wind bewegte sich. Die Stimmung war traumhaft, als die Gäste eintrafen und von der Hausherrin, im eleganten, hübschen Sommerkleid, empfangen wurden. Alle Geladenen waren auf das Beste gekleidet. Nur zwei matte Jünglinge hatten sich getraut, in Bluejeans zu erscheinen.

Die Gäste zeigten sich entzückt über das wunderschöne Ambiente.
Wohlwollend aß man die aufgetischte Suppe. Der Hausherr hielt eine kleine Begrüßungsansprache, und der erste Schluck Wein tat gut.
Der zweite Gang wurde aufgetragen: Köstliche Hühnerstücke in einer Weinsoße, mit Sahne abgeschmeckt. Kleine Träubchen schwammen darin und rundeten den Geschmack ab. Man hob Gabel und Messer, schmeckte - schmeckte ein zweites Mal - und was geschah? Janina, man wünschte das Rezept! Ja, man forderte unbedingt das Rezept. Von allen Seiten erscholl die Frage, wie denn die Zubereitung sei!

Ich traf die Gastgeberin einige Tage später, und sie erzählte mir, daß ihr die Freude an besagtem Abend vergangen sei, als die taktlosen Rezeptfragereien ihren Anfang genommen hatten. „Wie verhalten Sie sich in solchen Situationen?", wollte sie von mir wissen. Inzwischen klug geworden, erklärte ich ihr, daß solche Fragen für mich kein Problem mehr darstellten: „Ich schüttel lächelnd verneinend den Kopf, erkläre aber meinen Gästen, daß ich sie gerne mal wieder zu diesem Gericht einladen würde".

Ich denke, daß Du auch meiner Meinung bist.

Laß bald wieder von Dir hören und sei ganz herzlich gegrüßt.

Deine Ingeborg

Die Rose Charles de Mills mit wundervollem Duft.

Meine Großtante gab ihre Rezepte niemals preis.

Herbstgedanken

Liebste Janina,

im Garten herbstet es schon sehr. Das feurige Laub der Parrotie ist fahl geworden und wird bald zu Boden sinken. Es ist kalt, und die Alchemillapflanzen liegen bereits geteilt, aber frierend, entlang des Weges und wollen eingepflanzt werden. Auch die Tulpenzwiebeln warten darauf, an Ort und Stelle ihr Winterbett zu bekommen. Unmengen von Vergißmeinnichtpflänzchen haben sich in den Beeten ausgesät. Ihr stummer Ruf: "Bitte nicht hacken“ erreicht mein Herz. „Natürlich darf euch keiner wehtun“, erwidere ich wortlos. In kleinen Grüppchen setze ich sie an den Rand der Beete, und mannigfache Tulpen sollen sie begleiten.

Schon regen sich in meiner Seele ganz leise Frühlingsgedanken. Schnell wische ich sie aber wieder beiseite, denn letztendlich bin ich doch dankbar, daß die Gartenarbeit für dieses Jahr ein Ende hat.
Ein Ende hat? Was redest du da eigentlich?“, fragt mein Mann. „Alle Kübelpflanzen müssen noch winterfest untergebracht werden. Die Myrthenhochstämmchen dürfen uns auf keinen Fall erfrieren! Fünfzehn Jahre stehen sie uns nun schon treu zur Seite“. „Und das sollen sie auch weiterhin tun“, gebe ich ihm zur Antwort. Ebenso die vielen Hortensien, die hinten in der Garage Platz finden müssen. Bis sie an Ort und Stelle stehen, werden sie uns wegen ihres Gewichtes noch viel Kraft kosten. Alle Blätter schneide ich ihnen ab.
Mit Bindfaden werden die nackten Ruten zusammengeschnürt, und rank und schlank gehen sie in den Winterschlaf. Dreimal werden sie bis zum Frühjahr sparsam gegossen. Bekommen sie zu viel Wasser, treiben sie zu früh.

Die Algen am Bachlauf sollten auch noch entfernt werden. Dem Rasen müssen wir noch einen letzten Schnitt verpassen. Und wieder einmal geschieht es, daß der Herbst bei uns im Garten kein Ende findet. Du glaubst gar nicht, wie gartenmüde ich bin. Kurzum, jetzt ist die Zeit, in der ich mich gerne drücke und von warmen Kaminfeuern träume.

Dich umarme ich jetzt mit warmem Herzen.
Mögen Dir noch viele sonnige Tage geschenkt werden.

Deine Ingeborg

Unser Teich verändert sich immer wieder. ▸

Wie gut, daß man im warmen Zimmer sitzt. Der Herbst draußen mutet ungemütlich an. Ich glaube, ich werde den Kachelofen anzünden.

Guten Abend, gute Nacht . . .

Ein Geheimnis: unser Inselgarten

Liebste Janina,

Du darfst nicht traurig sein, denn was Du jetzt erlebst und schon erlebt hast, das geschieht tausenden von Menschen. Du schreibst: „Man möchte doch so gerne gemocht werden." Du leidest an der Unfreundlichkeit Deiner Nachbarin, Du bist betrübt über die schnippische Art Deiner Floristin, usw... Janina, ich flehe Dich an: Höre auf, Dir über andere Gedanken zu machen! Du kannst die Menschheit nicht ändern, Du kannst nicht erwarten, daß Dich jeder mag - Du magst ja auch nicht jeden. Und die oft zu hörende Bemerkung: es sind Freunde von uns, läßt mich an all die "Freunde" denken, die mich und meine Kinder damals nach meiner Scheidung allein gelassen haben, obwohl ich völlig verzweifelt war. Und, Janina, sei Dir über eines klar: je mehr Du kannst, je mehr Du weißt, und je mehr Du augenscheinliche Dinge tust, desto mehr werden Dich die Neider umkreisen und nicht viel Gutes an Dir lassen. Solche Menschen sind nicht einmal fähig, ein nettes, lobenswertes Wort über Deinen Garten zu sagen, wenn er in vollster Blüte steht. Schweigend stehen sie da und beißen sich lieber die Zunge ab. Auch über den Geiz wüßte ich Dir eine Menge zu erzählen. Aber, Janina, es lohnt sich nicht, denn mit all diesen Leuten hast Du nichts zu tun und darfst auch nichts zu tun haben. Tröste Dich mit dem Schriftsteller Heinrich Waggerl, der der Meinung ist, daß man unter tausend Leuten einen Menschen findet. Ein junger Mann sagte mir neulich: „Ich bin mit den wenigen Menschen zufrieden, die mich mögen, um die anderen kümmere ich mich nicht."
Und nun sei wieder fröhlich, denn nun erzähle ich Dir von meinem Inselgarten."

Unser Inselgarten ist unser Geheimnis, und keiner weiß etwas davon. Wir entdeckten diesen Flecken vor vielen Jahren. Ganz aus Versehen bogen wir mit unserem Auto in den falschen Weg ab und fuhren auf

schmalem Pfad durch dunklen Wald. Dann tat sich auf einmal eine Lichtung auf. Hingerissen von so viel Schönheit blieben wir stehen. Gebannt sahen wir auf dies uns bisher unbekannte Idyll. Nirgendwo in der Umgebung war mir solch ein harmonisches Plätzchen bisher begegnet. Vor uns lief ein unbefestigter Weg dem nächsten Wald entgegen. Wir standen neben einer kleinen Wiese, die gleich an einen großen Weiher grenzte. Ein alter, hoher Obstbaum beugte sich vorsichtig über das Wasser. Eine wundervolle Weide, von herrlicher Gestalt und Größe, breitete sich am gegenüberliegenden Ende des Wassers am Ufer aus.

Links des Weges lag ein weiteres Wasser, das still vor sich hinschlief. Große Fichten ergaben eine dunkle, geheimnisvolle Kulisse, und ein bißchen später wies uns ein krummer Holzwegweiser, wohin wir unsere Schritte lenken mußten, um das schöne, alte, verlassene Forsthaus zu finden. Schweigend gingen wir den Weg entlang. Auch auf der rechten Seite lag uns ein Weiher zu Füßen. Still blieben wir dann vor dem Forsthaus stehen. Vor einigen Fenstern hingen noch Gardinen. Das Haus schien leer, doch war nicht zu erkennen, daß jemand es ganz und gar verlassen hätte.

Die Luft war schwül. Die Sonne begann sich dämmrig in den aufziehenden Gewitterwolken zurückzuziehen. Janina, wir waren fasziniert! Ab und zu sprang ein dicker Karpfen aus dem Wasser. Klatschend ließ er sich wieder zurückfallen und hinterließ große Kreise auf der Wasseroberfläche. Über die Teiche zog ein großer Vogel. Ein aufkommender Wind ließ uns frösteln. Noch grollte der Donner in der Ferne, doch über unserem eben entdeckten Paradies lag eine melancholische Stimmung.

Wir waren wieder bei unserem Auto angelangt. Ein gewaltiges Froschkonzert durchdrang die Stille. Der Wind wisperte in den Blättern, und leise sagte ich zu meinem Mann: „Morgen kommen wir wieder."

Nachts tobte ein schweres Gewitter über uns, doch während die Blitze noch am dunklen Himmel zuckten, träumte ich bereits von dieser Wunderwelt. Klar stand am nächsten Morgen die Sonne am Himmel, und nach einem kurzen Frühstück saßen wir schon wieder im Auto.

Eine liebevolle Heiterkeit lag über unserem „Inselgarten", so nannten wir fortan das paradiesische Stückchen Land, das wir entdeckt hatten. Mit warmen Strahlen streichelte die Sonne über das Wasser,

◂ *Geheimnisvolle Wälder umsäumen unseren Inselgarten.*

hin über den sandigen Weg, und berührte die Spitze der Bäume. Am gegenüberliegenden Ufer stand bewegungslos ein Fischreiher. Die Luft war still.
Voller Friede und glücklichen Herzens bogen wir heute nicht ab, sondern gingen den Weg geradeaus, dessen Ende sich schon wieder von dichtem Wald begrenzt zeigte.
Etwas später kamen wir an einem leicht verkommenen Häuschen vorbei. Im Garten standen hohe, blühende Malven, die fast bis ans Dach reichten. Ein Pirol rief, und ein Eisvogel strich gleich neben uns flach über das Wasser. Dann wieder zur Rechten und zur Linken Teiche: „Kein Hauch der aufgeregten Zeit, drang noch in diese Einsamkeit" -.

Noch ein altes Haus, wohl mehr ein Werkschuppen für die Teichfischer, trafen wir am Rande des nächsten Wassers. Dann waren wir am Ende, denn nun konnte man nur rechts oder links in tiefen Wald einbiegen. Wir befanden uns wirklich auf einer Insel. So kehrten wir wieder um, das Herz voller Glück und Staunen. Wir holten eine Decke aus dem Auto, setzten uns ans Ufer und lauschten dem Vogelsang. Ich träumte meine Träume, und mein Mann hatte ein Buch auf den Knien.

Nachmittags traten zwei Pilzsucher aus dem Wald. Ich bewunderte den reichen Fund, und wir sprachen ein paar Worte miteinander. „Wie schön es hier ist", sagten sie. Dann gingen sie weiter. Der Wald verschluckte sie.
Es gibt aber auch Tage, an denen es uns im Inselgarten nicht gefällt: dann nämlich, wenn im Herbst die Teiche zum Teil abgelassen sind und abgefischt werden. Schon von weitem hört man lautes Männergelächter. Der Schnaps, der nötig ist, um die Kälte im Wasser zu überstehen, tut seine Wirkung. Schnell kehren wir wieder um. Hoch oben in den weiten Forsten gehen wir dann spazieren. Immer wieder bekommen wir Warnungen mit auf den Weg, aufzupassen und uns nicht zu verlaufen, denn endlos sind die Wälder.
Im Herbst ernten wir Pilze und die heruntergefallenen Äpfel von alten Bäumen, die an den Teichen stehen und einen köstlichen Geschmack haben. Viel Schnee gibt es im Winter, weil niemand kommt ihn wegzuräumen.
So leben wir in zwei Gartenwelten: in unserem eigenen Rosengarten, der uns mit Blütenträumen verwöhnt - und im Inselgarten, dessen Geheimnisse uns glücklich machen.

Jetzt laß es Dir gut gehen und sei fröhlich!

Deine [illegible]

Klein Gustchen
ein Wintermärchen

Liebste Janina,

kurz bevor ich abends ins Bett gebracht werden sollte, rutschte ich oft auf die Knie meines unendlich liebevollen Großvaters und bettelte: „Väterchen, erzähl´ mir noch das Märchen von Klein-Gustchen." Er lächelte, bedeckte meine Beine mit einer warmen Decke und hub an:

„Es war dort, wo man weit hinten vor dem Wald auf vielen gewundenen Pfaden, an großen und kleinen Felsen vorbei, den Wald erreichen konnte. Vor dem Wald aber, gleich hinter dem Dorf, stand ein kleines, armseliges Häuschen. Darin wohnte Klein-Gustchen mit seinen Eltern. Es gab viel Armut im Haus. Der Vater verdiente das wenige Geld als Holzfäller in den großen Wäldern. Jeden Morgen machte er sich sehr früh auf den Weg und kehrte erst abends heim, wenn manchmal schon der Weg von Mond und Sternen beleuchtet war. Oftmals aber herrschte große Dunkelheit, und Klein-Gustchen lag schon in seinem Bettchen, wenn der Vater heimkehrte.

Sobald die Mutter ihre Hausarbeit verrichtet hatte, saß sie an ihrem Nähtischchen am Fenster. Sie stichelte an feiner Wäsche für die Schloßbewohner oberhalb des Dorfes und trug so zum Auskommen der Familie bei. Oft saß Klein-Gustchen ihr zu Füßen auf einem Holzbänkchen, spielte mit ihrer Puppe oder beobachtete die fleißigen Hände der Mutter und den Fortgang der Näharbeit.

Es war kurz vor Weihnachten. Schnee bedeckte die Zweige der Fichten, die zum Fenster hineinschauten. „Klein-Gustchen", sagte die Mutter, „ich werde heute ins Schloß gehen und auch einige Einkäufe im Dorf machen. Versprich mir, daß du schön im Haus bleibst und nicht die warme Stube verläßt." Und Klein-Gustchen versprach, folgsam zu sein.

Die Mutter hüllte sich in ein warmes Tuch, band sich den großen Korb auf den Rücken und winkte ihrem Kind noch einmal zu, bevor sie das Haus verließ.

Klein-Gustchen machte sich zunächst an seinen wenigen Spielsachen zu schaffen. Dann begann es, seine Puppe an- und auszuziehen, und dann wurde es ihm langweilig. Es schob seinen Holzhocker vor das Fenster und schaute nach draußen. Die liebe Sonne beschien inzwischen den schmalen Weg, und einige Schneeflocken tanzten darüber. Wie lustig das aussah! Sie schienen Klein-Gustchen geradezu nach draußen locken zu wollen.

Tatsächlich dachte sich Klein-Gustchen: die Mutter kann doch nichts dagegen haben, wenn ich die Tür ein klein wenig öffne. Gesagt getan. Aber hui, da hatte der Wind die Tür aufgeschlagen, und schon stand Klein-Gustchen draußen. Wieder wirbelten Schneeflocken lustig um es herum, und dann vernahm es auf einmal Schläge, die sich nach der Axt des Vaters anhörten. „Ich werde ihm ein wenig entgegen gehen", sprach´s und lief dem Walde zu. Dort dämmerte es bereits, doch bald kam Klein-Gustchen an den Baum, an dem der Wind einen Ast an den Stamm schlagen ließ, und Klein-Gustchen merkte, daß der Vater hier nicht war. Voller Angst begann es zu weinen und lief wieder aus dem Wald heraus. „Uuh, uuh, Klein-Gustchen, geh nach Haus!", rief ihm eine Eule zu, die dicht über ihm hinwegflog.
Völlig ermüdet und verzweifelt legte sich Klein-Gustchen in eine Schneefurche am Feldrand und fiel sofort in tiefen Schlaf. Die Nacht war inzwischen hereingebrochen.

Aber wie immer vor Weihnachten hatte der liebe Gott seine Schutzengel ausgesandt, um sicher zu sein, daß alle Kinder artig in den Betten liegen. Wie groß war des Engels Erstaunen, als er unten in der Schneefurche das schlafende Kind liegen sah. Er schwebte zu ihm hinab, hob es vorsichtig auf und schob es hinten zwischen seine warmen Flügel. Mond und Sterne beleuchteten seinen Weg, als er zu einem heimlichen Häuschen mitten im Wald flog. Eine große Schar kleiner Engel konnte man durch die Fensterchen wahrnehmen, die damit beschäftigt waren, Zuckerguß auf Plätzchen zu streichen, Marzipankugeln zu rollen und anderes Gebäck mit Nüssen zu verzieren.

„Was bringst Du da?“, fragte das Christkind, das selbst die Tür öffnete und Klein-Gustchen aus den warmen Flügeln hob. „Flieg´ nur gleich weiter“, befahl es dem Engel, „schau in alle Fenster, und wo Du eine Mutter und einen Vater am Tisch weinen und um ihr Kind trauern siehst, da wird das Zuhause von Klein-Gustchen sein.“ Und so geschah es. Der Engel flog weiter über das Land, blickte in jedes Fenster, bis er die weinenden Eltern fand. Dann flog er zurück ins Waldhäuschen.

Klein-Gustchen hatte inzwischen warme Milch und Semmelwecken zu essen bekommen. Danach waren ihm vor lauter Staunen wieder die Augen zugefallen. Behutsam war es vom Christkind in ein Bettchen gelegt worden, wo es sofort fest und tief einschlief. Früh am Morgen zupfte das Christkind den Engel am Flügel und befahl ihm, Klein-Gustchen ins Elternhaus zu bringen.

Noch immer saßen Vater und Mutter müde und verweint am Küchentisch. Der Engel aber hob Klein-Gustchen aus den Flügeln, zog ihm das Höschen ein bißchen herunter und setzte es mit seinem kleinen nackten Popo mitten in einen großen Schneehaufen vor der Haustür. Dann flog er davon. Jämmerlich fing Klein-Gustchen an zu schreien. Mutter und Vater hoben drinnen die Köpfe und liefen eilends nach draußen. Jubelnd wurde das schreiende Klein-Gustchen aus dem Schneehaufen geholt. Wie drückten und herzten die Eltern ihr Kind! Der Tannenbaum wurde angezündet, und lachend schaute Klein-Gustchen auf die Puppenstube, die der Vater für sein Kind gefertigt hatte.

Kann man sich glücklichere Menschen an diesem Tag vorstellen?, dachte sich der Schutzengel. Noch schnell hatte er einen Blick durch das Fenster geworfen, bevor er zurückflog in das kleine Häuschen im Wald.“

Und was geschah mit mir?

Liebevoll strich mir mein Großvater über den Kopf, nahm mich auf den Arm, legte mich in mein Bettchen und blieb so lange neben mir sitzen, bis ich eingeschlafen war.

Gute Nacht, liebste Janina

Deine Ingeborg

◂ *Eine dünne Eisschicht bedeckt das Wasser, Tauwasser tropft von den Bäumen.*

Klirrende Kälte.

Im Märchenwald. ▸

Erste Erlebnisse im Kindheitsgarten

Liebste Janina,

nein, ich habe nicht vergessen, was ich Dir versprochen habe. Du wolltest so gerne, daß ich Dir vom allerersten Garten erzähle, an den ich mich aus meiner Kindheit erinnern kann. Und das will ich jetzt nachholen.

Ich war noch ein Kind, noch ein sehr kleines Mädchen mit dunklen Locken, als meine große Liebe zu Pflanzen sich bereits entwickelte. Wenn ich Kinderbilder von mir anschaue - lange anschaue - dann frage ich mich, was in diesem kleinen Mädchen, in dieser Ingeborg vor sich gegangen sein mag. „Ingelein", sagte Mutti immer zu mir sehr zärtlich, und Vati rief „Inge-Pinge". Rief er aber einfach Inge, dann stimmte etwas nicht, dann bekam ich Angst. Er war meistens sehr streng, und im Grunde genommen war ich froh, wenn er nicht zuhause war.

Mit Mutti allein verlief das Leben gefahrloser, harmonisch und liebevoll. Mein Vater war den größeren Teil des Tages in seiner Praxis und im Krankenhaus. Vorläufig bewohnten wir einen Teil eines Hauses am Dobben in Bremen. Wie renovierungsbedürftig diese Behausung sich zeigte, nahm ich damals nicht wahr. Sehe ich mir aber heute Bilder von damals an, erschreckt mich der Zustand. Doch wir mußten sehr billig leben, und nur die Praxis konnte verschönert werden. Als junger Arzt fühlte sich mein Vater ausnahmslos den Patienten verpflichtet. Meine Mutter mußte die Fenster nachts putzen, damit die Leute nicht bemerkten, daß sich der neue Doktor keine Putzfrau leisten konnte. Für meine Eltern mußten diese Zeiten schwer gewesen sein.

Das Versorgen der Kakteen gehörte zu meinen Lieblingsbeschäftigungen.

Manchmal hatte Mutti ein verweintes Gesicht. Waren es die vielen Kopfschmerzen (die sie mir wohl vererbt hat), oder waren es harte, besorgte Worte meines Vaters gewesen, die sie unglücklich werden ließen? Ich war dann auch traurig und versuchte, Muttis Gesicht mit einem großen Taschentuch zu trocknen. Wie glücklich war ich, wenn mein Vater meine Mutter liebevoll in den Arm nahm.

Die Küche befand sich damals, wie in vielen Bremer Häusern im Keller, und von dort aus gelangte man in den Garten. Ach du liebe Zeit, Janina! Wenn Du die Bilder aus dieser alten Küche sehen könntest, es würde Dich grausen. Der Küchenboden war kalt gefliest, große Schimmelflecken nahmen einen Teil der Wände ein. In das traurig an der Wand hängende Waschbecken lief nur kaltes Wasser, und auf einem kleinen Herd wurden die sicher sehr sparsamen Mahlzeiten bereitet.
Über dem Küchentisch gab eine kleine Lampe trübes Licht, wenn draußen ein norddeutscher Regen den Himmel verdunkelte. Wie arg muß meiner Mutter dieses Leben angekommen sein, ihr, der jungen Ärztin, die in Plön bei den Eltern verwöhnt und glücklich aufgewachsen war.

Freitags wurde abends viel warmes Wasser bereitet, und eine kleine Zinkbadewanne auf den Fliesenboden gestellt. Darin durfte ich baden. Ab und zu goß Mutti ein bißchen heißes Wasser nach, damit ich es recht gemütlich hatte.

Aber nun will ich mit Dir in den Garten gehen. In den Garten? Der Garten war ein tristes Rechteck, umgeben von einem hohen, dunklen Bretterzaun. In der linken Ecke stand ein Birnbaum. Schütteres Gras wuchs auf dem mageren, sandigen Boden. Hier hing Mutti die Wäsche auf. Ich hielt ihr die Klammern hin, denn ich wollte ihr immer helfen. War sie mit der Arbeit fertig, widmeten wir uns den Kakteen; die Kakteen nämlich waren das Wichtigste im Garten. Vorsichtig leerten wir die Töpfchen, um zu sehen, ob Wurzelläuse ihr Unwesen trieben, und durch eine Lupe hielten wir nach Spinnmilben Ausschau. Mutti zeigte mir, wie man Ableger macht. Und so war ich schon seit frühester Kindheit durch den Garten geprägt.

Im Frühjahr, wenn der Birnbaum blühte, stopfte sie mich in einen kleinen, offenen Kinderwagen. Auf dem Schoß hielt ich einen großen Korb. Und so fuhr sie mit mir auf den Markt. Dort kaufte Mutti nach Herzenslust ein, denn die einjährigen Pflänzchen waren wundersam billig. Das Beet, das ihnen zu Hause zur Verfügung stand, war nicht sehr groß. Doch schon von Mai an war uns unser kleines Land stets ein Schauspiel. Freuden für uns, die wir bis in den Herbst genossen. Immer gab es etwas Neues zu entdecken, und das Hantieren mit der Gießkanne bereitete mir großes Vergnügen.

Nun weißt Du, wie mein erster Garten aussah. Er war nichts und war doch so viel für mich. Das Leben in diesen drei, vier Kindheitsjahren hat schon früh viele Interessen in mir geweckt: ob wir den Laubfrosch fütterten, ob wir den Schlangenkaktus nach Blüten untersuchten, ob wir die Wäsche aufhingen und ich Mutti die Klammern reichte, ob ich neben ihr am Herd auch in einem kleinen Kochtopf rührte oder auch im Waschbecken meine Puppenwäsche wusch, immer war meine Mutter um mich herum und immer kam ihr - wie der Goldmarie das Gold - nur Zärtliches über die Lippen. „Wie waren wir doch reich, als wir noch arm waren", seufzte sie manchmal, als sie sich viele Jahre später als Sklavin ihres großen Haushalts fühlte.

Nun erzähle ich Dir noch ein Erlebnis aus unserem späteren Garten. Unsere Kaninchen hatten Junge bekommen. Mit den Eltern sprangen sie nach kurzer Zeit in ihrem Gehege lustig auf dem Rasen herum. Da ich draußen auf dem grünen Gras nachmittags mit meinen Puppen herumhantierte, sie im Wägelchen hin und her schob, sie fütterte und wickelte, kam mir plötzlich die Idee, daß dies den Häschen sicher auch gefallen würde. Kurz entschlossen zog ich meine Puppen aus dem Wagen heraus, legte sie auf den Rasen und nahm mich der Häschen an. Drei Stück hatten unter der Decke Platz, und jedes bekam ein Puppenhöschen angezogen. Mit sanfter Gewalt legte ich sie in das Wägelchen und deckte sie fürsorglich zu. Mein Bruder half mir dabei, denn sie zeigten sich keinesfalls bereit, in der Rückenlage zu verharren und mußten immer wieder gewendet werden. Mit ein wenig Nachdruck drehten wir sie wieder um, was sie sich natürlich nur kurze Zeit gefallen ließen. Später wuschen wir ihnen mit einem Läppchen die Augen aus und waren entzückt, daß in ihren Höschen auch einige Ködelchen lagen.

Am nächsten Tag wiederholten wir das für uns reizvolle Spiel. Die Häschen waren so wunderbar lebendig. Urplötzlich aber zerriß ein Gezeter die Gartenruhe. Mindestens sieben Kaffeeschwestern hingen drüben über der Balkonbrüstung, hysterisch mit Armen und beiden Händen rudernd. Mit Polizei und anderen Gewalten drohten sie auch. Ebenso schrien sie zu uns herüber, dieses alles hier sei Tierquälerei!
Wir jedoch verhielten uns sehr klug: wir taten, als ob wir das Gezetere gar nicht hörten, schoben den Puppenwagen außer Sichtweite und setzten unsere Tierkinder - zärtlich auf sie einredend - wieder in den Hasenstall.
Mein Bruder war inzwischen die Kletterstange hinaufgehangelt und saß auf der Querstange, ich hatte mich in die Schaukel geworfen. Uninteressiert baumelte ich mit den Beinen und schaute teilnahmslos über den Garten. Wir waren uns einer Schuld nicht bewußt - es war den Tierchen doch nur gutgegangen.
Von den Kaffeeschwestern telefonisch alarmiert, erschien unser Kindermädchen und wollte wissen, was wir denn nun schon wieder angestellt hätten, „Wir? Gar nichts", antwortete ich.

So, meine Liebe, nun hast Du was zum Lachen.
Ich freue mich schon sehr auf Dich und grüße Dich herzlich.

Deine Ingeborg

Mutti verstand es immer, mich zu trösten.

Das Wannenbad.

Die Welt von Ute

Liebste Janina,

Du kennst meine neue, freundschaftliche Beziehung noch nicht: Ute.
Ute ist eine Powerfrau, mit Energie geladen und lustigem Temperament von der Natur ausgestattet, besorgt sie ihre verschiedenen Beschäftigungen, Jobs und Steckenpferde mitsamt dem Hund Wuschel. Wenn man dann noch vernimmt, daß sie ein eigenes, kleines Versicherungsbüro betreibt und dauernd Kundenbesuche zu erledigen hat, frage ich mich: wie macht sie das nur alles? Sie hat allerdings einen Ehemann, der nur am Wochenende nach Hause kommt, und das erleichtert natürlich die ganze Abwicklung.

Ute lebt wie im Märchenwald. Sie wohnt mit ihrem Mann in einem kleinen Häuschen, und dicht an dicht gleich im angebauten kleinen Gebäude daneben, führt Utes Mutter ein glückliches Dasein, denn welche Mutter wünschte sich nicht, die liebevolle Tochter so in der Nähe zu wissen. Das kleine, romantische Besitztum ist von hohem Wald umschlossen. Fuchs und Hase sagen sich hier, in wahrstem Sinne des Wortes, gute Nacht. Auch Dachse wohnen in diesem wundervollen Naturschutzgebiet.

Utes Häuschen liegt am Hang und ist von Treppchen und Stufen durchzogen. Im Wald darf man getrost Eule und Käuzchen vermuten, und durch einen Zaun abgesichert, treten jeden Tag die Rehe bis vor das Haus. Unheimlich - wenn im Spätherbst nachts die Brunftschreie der Hirsche zu hören sind. Schwarz und drohend zeigen sich dann die hohen Föhren. Aber warmes, tröstendes Licht fällt aus den Fensterchen nach draußen in tiefe Dunkelheit, und dankbar betritt man das kleine Haus.

Einen Adventsabend in Utes Häuschen zu erleben, ist mindestens so schön wie ein Gang durch ihren Garten im Sommer. Welch eine Behaglichkeit schlägt mir entgegen, welch eine Vielfalt an schönen Dingen. Der Duft von köstlichem Kaffee strömt aus der gemütlichen Kaffeekanne, als Ute an einem kalten

Zucker.

Kochen, backen, putze
Mein Herd
mein Stolz
Zucker.
Caffee
Semmeln

Wintertag den Tisch am nahen Fenster für uns gedeckt hat. Wohlige Wärme schenkt uns der Kachelofen, und ich fühle mich in einer heilen, geborgenen Welt.

Vor den Fenstern tobt die vielfältige, reiche Vogelwelt in den aufgestellten Häuschen. Sämtliche Meisenarten, Rotkehlchen, Dompfaff, Kleiber usw. flattern zwischen den Futterhäuschen herum, während ich es mir an dem hübsch gedeckten Kaffeetisch wohlergehen lasse. Von Geheimnis, Glück und Märchen bin ich umgeben. „Ute", sage ich, „ich möchte hier unbedingt fotografieren." „Oh ja",reagiert sie sofort begeistert, „ich werde wundervoll dekorieren!" „Was könnten wir im alten, kleinen Herd zubereiten?", frage ich. „Gar nichts", antwortet sie, „denn der ist nicht angeschlossen". „Also, da müssen wir schummeln: eine Ente? ein Brot? eine leckere Suppe? ein Wildschweinbraten? wir werden sehen."

Im Sommer ist Ute sehr früh auf den Beinen. Ihre Tasse Kaffee stellt sie auf ein Mäuerchen im Garten und häckelt und zupft dabei an ihren Blumen herum. Im Teich lebt eine Vielfalt von Fischen. Geheimnisvoll spiegeln sich die Fichten im Wasser, und glasklar zeichnet sich der Grund ab. Der Gartenteich ist so faszinierend, daß es Ute immer wieder dorthin zieht.

Wer das Hören und Sehen der kleinen Dinge noch nicht verlernt hat, dem öffnet sich hier wahrhaftig ein Paradies.

Mit vielen lieben Grüßen umarme ich Dich

Deine Sigelore

Mein Zimmer

Liebste Janina,

ganz zum Schluß möchte ich Dir nun noch von meinem eigenen kleinen Zimmer erzählen, in dem ich Dir fast alle Briefe schrieb. Hatte dieser Raum - das ehemalige Zimmer von Andreas - bisher nur zum Übernachten eines Gastes gedient, erledigte ich darin meine Bügelwäsche und stellte dort auch immer wieder unnütze Dinge ab - so fing ich an, eine neue Idee von mir umzusetzen:

Ein Zimmer für mich!

Da der Blick aus dem Fenster mich nicht erfreute - die Kompostwirtschaft schaute mich an - ließ ich mir von Christina ein in Blei gefaßtes Blumenbildfenster anfertigen. Es verschleiert mir den Blick nach draußen, und erfreut mich nach innen mit einem Strauß gelber Rosen.
Ein altes Bauerntischchen mit Schublade funktionierte ich zu einem Schreibtisch um, und der Kirschbaumstuhl davor stand einstmals vor dem Nähkästchen meiner Großmutter.

Auf dem Schreibtisch ist immer wenig Platz. Doch wenn ich schreibe, benütze ich den Fußboden rings um mich herum als Ablage. Immer wieder gestalte ich ein wenig um.
All das, was ich auf Flohmärkten zusammentrage, breite ich auf Fensterbank oder einem Wandbord liebevoll aus; meinen Krempel, wie manch anderer respektlos bemerkt.

Thich
Nhat

Das von Christina gefertigte Glasfenster.

Hier habe ich also mein ganz persönliches Reich, in dem ich auch die Bücher lese, die mich glücklich werden lassen. Ich hungere nicht nach Sensationen. Ich bin dankbar für alle Geschichten, die gut ausgehen, also ein happy end haben: Sei es ein Film, eine Gewalttat, ein glückliches Romanende usw. Ich bemühe mich, jeden Tag fröhlich zu sein und dem Heute zu leben. Auch das ist gar nicht immer so einfach, denn die Schrecken der Welt holen mich oft ein. Schon höre ich Dich sagen: „Du lebst nicht in der Realität." Aber, liebste Janina, das stört mich nicht! Ich lebe in den Tag - ich trödel durch den Tag - ich eile mit dem Tag - die Zeit geht dahin, und darüber vergeht die Zeit.

In vierzehn Tagen bist Du wieder hier. Wie freue ich mich!

Bis zu Deiner Rückkehr eine ganz liebe Umarmung

Deine Ingeborg

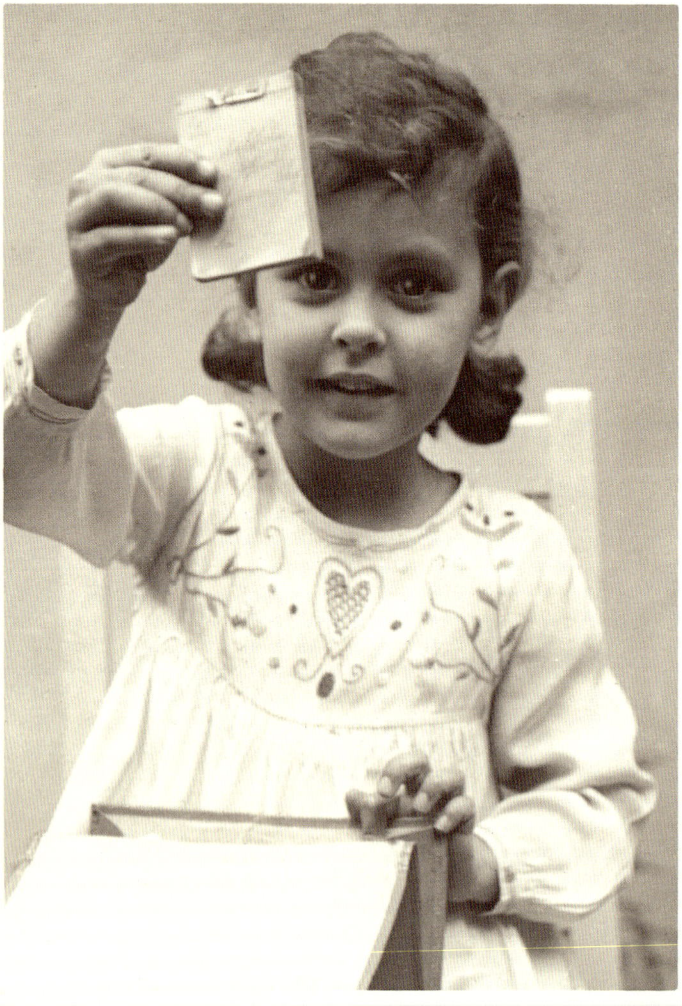

adieu ...